AF693560

Cómo Ganar Ingresos Pasivos con Cripto

Staking, Yield Farming, Préstamos y DeFi Explicados para Inversores Cotidianos

Por Joe Correa

Publicado por Live Stronger Faster

Copyright © 2026 por Joe Correa

Todos los derechos reservados.

Ninguna parte de esta publicación puede ser reproducida, distribuida o transmitida en ninguna forma ni por ningún medio—electrónico, mecánico, fotocopiado, grabación u otro—sin el permiso previo por escrito del editor, excepto en el caso de citas breves incluidas en reseñas críticas y ciertos otros usos no comerciales permitidos por la ley de derechos de autor.

Este libro es solo para fines educativos e informativos. El autor y el editor no ofrecen asesoramiento legal, financiero ni de otro tipo profesional. Los lectores deben consultar con un profesional calificado antes de tomar cualquier decisión financiera.

Primera Edición

Tabla de Contenido

Introducción

Durante décadas, la idea de generar ingresos pasivos se limitaba a los bienes raíces, las acciones con dividendos o la creación de un negocio. Pero el auge de las criptomonedas ha abierto un nuevo y revolucionario mundo de finanzas descentralizadas—también conocido como DeFi—donde cualquier persona, en cualquier lugar, con solo un teléfono y una billetera cripto, puede ganar dinero de forma pasiva las 24 horas del día, incluso mientras duerme. Esta transformación financiera es diferente a cualquier cosa que el sistema bancario tradicional haya permitido. En este libro, exploraremos cómo aprovechar esta oportunidad única en una generación.

Bienvenido a Cómo Ganar Ingresos Pasivos con Cripto, Libro 6 de la serie Crypto Wealth Academy. Esta guía está diseñada para el inversor cotidiano que desea aumentar sus tenencias de criptomonedas sin tener que comprar y vender constantemente. Ya sea que seas nuevo en el mundo cripto o que tengas algo de experiencia pero aún no hayas explorado DeFi o las oportunidades de rendimiento pasivo, este libro te mostrará estrategias prácticas, paso a paso, para comenzar a generar ingresos con un riesgo y esfuerzo mínimos.

Comencemos aclarando un mito: ganar ingresos pasivos con criptomonedas no es un esquema para hacerse rico rápidamente. No se trata de seguir modas ni de hacer apuestas especulativas. En cambio, se trata de utilizar herramientas financieras probadas—staking, préstamos, yield farming y pools de liquidez—a través de protocolos que te recompensan por apoyar la infraestructura blockchain o proporcionar capital a otros. Estas oportunidades reflejan algunos mecanismos de las finanzas tradicionales, pero de manera descentralizada y automatizada, permitiéndote mantener el control total de tu dinero.

Aprenderás cómo funciona el staking en blockchains de prueba de participación y qué plataformas ofrecen los mejores rendimientos. Desmitificaremos el yield farming y explicaremos por qué algunas personas obtienen rendimientos anuales de dos dígitos simplemente asignando tokens a exchanges descentralizados. Cubriremos protocolos de préstamos cripto como Aave y Compound, donde puedes prestar stablecoins y generar ingresos constantes—en algunos casos superando lo que los bancos pagan en un año en solo un mes. También analizaremos riesgos como la pérdida impermanente, los rug pulls y las vulnerabilidades de contratos inteligentes, para que no caigas en las trampas comunes que enfrentan muchos principiantes.

A diferencia del trading especulativo de criptomonedas, las estrategias de ingresos pasivos se enfocan en el crecimiento y la estabilidad a largo plazo. Son ideales para quienes desean acumular criptomonedas con el tiempo, diversificar sus fuentes de ingresos y aprovechar el interés compuesto en una economía digital. También conocerás casos reales de personas que comenzaron con tan solo $100 y ahora generan ingresos mensuales constantes a partir de sus activos.

No necesitas ser un experto en tecnología para aplicar estas estrategias. Este libro está diseñado para simplificar los términos técnicos, explicar procesos paso a paso y ofrecer recomendaciones amigables para principiantes sobre billeteras, redes y plataformas. Incluso te guiaremos en la configuración de tu primera billetera de staking, cómo unirte a un pool de préstamos y cómo hacer seguimiento de tus ganancias con el tiempo.

A medida que avancemos en los próximos años, DeFi se convertirá en una parte esencial del sistema financiero global. Quienes aprendan a navegarlo hoy estarán en la mejor posición para construir riqueza mañana. Los ingresos pasivos con criptomonedas no solo son posibles—ya están ocurriendo en todo el mundo.

Vamos a profundizar y desbloquear las herramientas, estrategias y plataformas que puedes comenzar a usar hoy mismo para generar ingresos pasivos con criptomonedas.

Capítulo 1: Entendiendo los Ingresos Pasivos con Cripto: La Nueva Frontera de la Creación de Riqueza

En las finanzas tradicionales, el término "ingresos pasivos" suele evocar imágenes de cheques de propiedades en alquiler, dividendos de acciones de gran capitalización o regalías de propiedad intelectual. Pero la llegada de la tecnología blockchain y las finanzas descentralizadas (DeFi) ha introducido un método nuevo y potencialmente más accesible para generar ingresos pasivos: obtener rendimiento a partir de activos cripto. Este capítulo establece las bases para comprender cómo las criptomonedas permiten sistemas financieros que te pagan no por trabajo duro, sino por participar en ecosistemas descentralizados. A diferencia de las estrategias de trading volátil que requieren sincronización del mercado y vigilancia constante, los ingresos pasivos en cripto consisten en configurar sistemas que trabajen para ti con el tiempo, acumulando valor al proporcionar seguridad, liquidez o capital a cambio de recompensas.

El concepto es simple: en el mundo de las criptomonedas, tu dinero puede funcionar como proveedor de infraestructura. En un banco tradicional, depositas fondos y el banco usa tu dinero para otorgar préstamos y generar ganancias—normalmente devolviéndote un rendimiento mínimo. En cripto, esa misma estructura existe, pero con una diferencia clave: las ganancias regresan a ti. Puedes ganar por asegurar una red blockchain (staking), por ofrecer liquidez en exchanges descentralizados (yield farming o provisión de liquidez), o por permitir que otros tomen prestados tus activos (protocolos de préstamos). En lugar de instituciones centralizadas como intermediarios, los contratos inteligentes gestionan automáticamente las condiciones y distribuyen las recompensas. Esta innovación ha permitido que personas de todo el mundo, sin importar su ubicación o nivel económico, comiencen a construir independencia financiera en una plataforma sin permisos.

Para comenzar a generar ingresos pasivos en cripto, primero debes entender la diferencia entre enfoques custodiales y no custodiales. Las plataformas custodiales, como Binance o Coinbase, ofrecen staking y cuentas de ahorro con tasas de interés establecidas—pero no controlas las claves privadas, lo que significa que la plataforma mantiene tus fondos. Los métodos no custodiales, como el uso de billeteras DeFi como MetaMask o Trust Wallet con plataformas como Aave o Lido, ofrecen mayor control y, a menudo, mayores recompensas—pero conllevan más riesgos y responsabilidades. Tu camino hacia los ingresos pasivos dependerá de cuánto riesgo estés dispuesto a asumir y si estás preparado para gestionar tus propias billeteras de forma segura.

Una de las estrategias más populares y amigables para principiantes es el staking. El staking implica bloquear tus criptomonedas—generalmente en una red de Prueba de Participación (PoS)—a cambio de recompensas. Estas recompensas son, esencialmente, intereses por ayudar a validar transacciones y mantener la seguridad de la red. Tokens como Ethereum (ETH), Cardano (ADA) y Polkadot (DOT) ofrecen staking. Los rendimientos pueden variar entre 3% y 15% anual, dependiendo de la actividad de la red y la demanda. Algunas plataformas permiten staking flexible, mientras que otras requieren bloquear los tokens por un período fijo. La opción más descentralizada implica usar billeteras propias o unirse directamente a pools de validadores. Aunque el staking es relativamente seguro, el valor del token puede fluctuar significativamente—por lo que es importante considerar tanto el rendimiento como el riesgo del activo subyacente.

El siguiente paso es el yield farming, un método más avanzado pero potencialmente más rentable. El yield farming implica proporcionar liquidez a exchanges descentralizados como Uniswap, PancakeSwap o Curve. En términos simples, prestas tus criptomonedas a un pool que otros traders utilizan para realizar intercambios. A cambio, ganas comisiones por transacción y, a menudo, tokens adicionales como recompensa. Los rendimientos pueden ser elevados—desde

dinero, sino enseñarte a comprender la arquitectura de DeFi para construir riqueza de forma segura. Bienvenido a la nueva frontera de la libertad financiera.

La historia de Daniel con Bitcoin

Daniel siempre había sido conservador con el dinero. Una cuenta de ahorros modesta, un fondo de retiro básico y el hábito de ahorrar—nada extraordinario, pero suficiente para sentirse seguro. Todo cambió en 2021, cuando la pandemia sacudió los mercados globales y lo hizo cuestionar esa seguridad. Su 401(k) perdió valor, sus ahorros se vieron afectados por la inflación y el costo de vida comenzó a superar sus ingresos. Daniel necesitaba un nuevo plan—uno que no dependiera completamente del sistema financiero tradicional. Fue entonces cuando descubrió los ingresos pasivos con criptomonedas.

Al principio, era escéptico. Había escuchado sobre Bitcoin y visto a personas presumir ganancias, pero no era un apostador. Lo que le llamó la atención fue la idea de hacer que su dinero trabajara para él. Descubrió el staking y los préstamos, no como trading, sino como una forma de generar ingresos constantes. Esto le pareció diferente. Sostenible. Comenzó a investigar seriamente.

Su primer paso fue el staking. Compró Cardano (ADA) y lo transfirió a una billetera. Delegó sus tokens a un pool y comenzó a recibir recompensas periódicas. Era poco, pero constante. Luego pasó al préstamo DeFi con USDC en plataformas como Aave, donde obtenía alrededor del 8% anual—mucho más que su banco.

Después probó el yield farming, alcanzando rendimientos cercanos al 25% anual. Pero también aprendió lecciones duras: hacks, pérdidas y riesgos reales. Esto lo llevó a adoptar una estrategia más disciplinada, diversificando y utilizando solo plataformas confiables. Con el tiempo, comenzó a generar ingresos mensuales constantes.

Más allá del dinero, Daniel encontró algo más importante: control. Ya no dependía solo de bancos o empleadores. Construyó un sistema financiero personal que funcionaba 24/7. Hoy ayuda a otros a aprender, enseñar y evitar errores.

Su historia demuestra que la libertad financiera ya no está reservada para unos pocos. En el mundo descentralizado, cualquiera que esté dispuesto a aprender puede construir ingresos sostenibles. Como Daniel, tú también puedes lograrlo—paso a paso, estrategia por estrategia.

Capítulo 2: Staking: Cómo Generar Rendimientos Confiables al Asegurar la Blockchain

El staking se ha convertido rápidamente en una de las formas más populares y accesibles para que los inversores generen ingresos pasivos en el mundo cripto. La idea es elegante y poderosa: bloqueas tus criptomonedas para apoyar una red blockchain y, a cambio, recibes recompensas en forma de tokens adicionales. A diferencia de los sistemas de prueba de trabajo como Bitcoin, que requieren minería intensiva en energía, las redes de prueba de participación (PoS) logran consenso mediante activos en staking. Estos tokens ayudan a validar transacciones, asegurar la red y mantener la descentralización. Si estás comenzando en el mundo de los ingresos cripto, el staking suele ser el punto de entrada más seguro y sencillo.

Para hacer staking, debes poseer una criptomoneda compatible con PoS. Algunas de las más populares incluyen Ethereum (ETH), Cardano (ADA), Solana (SOL), Polkadot (DOT), Avalanche (AVAX) y Cosmos (ATOM). Cada red tiene sus propias reglas, periodos de bloqueo, cantidades mínimas y estructuras de recompensas. Por ejemplo, Cardano permite delegación sin periodo de bloqueo, mientras que Ethereum requiere 32 ETH para validadores completos. Sin embargo, muchas plataformas ofrecen soluciones más flexibles que reducen significativamente la barrera de entrada.

Existen dos formas principales de hacer staking: custodial y no custodial. El staking custodial se realiza a través de plataformas centralizadas como Coinbase o Binance, que gestionan tus tokens por ti. Es fácil de usar y no requiere conocimientos técnicos, pero implica que no controlas tus claves privadas. El staking no custodial, por otro lado, se realiza mediante billeteras como Ledger, Trust Wallet o Keplr, lo que te permite mantener el control total de tus fondos mientras generas recompensas.

El staking no custodial generalmente funciona mediante delegación a validadores. No necesitas operar un nodo; simplemente delegas tus tokens a un validador que procesa transacciones y recibe recompensas, de las cuales toma una pequeña comisión (entre 2% y 10%). Elegir un buen validador es clave: debe tener alta disponibilidad, buenas recompensas y una sólida reputación.

Un concepto importante es el "slashing", que ocurre cuando un validador actúa de manera incorrecta o falla, perdiendo parte de los fondos en staking. Aunque es poco común, es un riesgo real, por lo que investigar validadores es fundamental antes de delegar tus activos.

Las recompensas del staking varían según la red, pero generalmente oscilan entre 4% y 12% anual. Por ejemplo, Solana puede generar entre 6% y 7%, mientras que Cosmos puede llegar a 10%. Ethereum, después de su transición, ofrece entre 4% y 6%. Estas recompensas se pagan en el mismo token, lo que permite el crecimiento compuesto si reinviertes las ganancias.

Una innovación reciente es el staking líquido, que permite mantener liquidez mientras tus activos están en staking. Protocolos como Lido o Rocket Pool te entregan un token representativo (como stETH) que puedes usar en otras aplicaciones DeFi. Esto te permite ganar recompensas y al mismo tiempo usar tu capital, aunque con riesgos adicionales relacionados con contratos inteligentes.

Desde el punto de vista de seguridad, el staking es generalmente más seguro que el yield farming o el lending, ya que no depende de terceros prestatarios ni de pools complejos. Sin embargo, sigues expuesto a la volatilidad del precio del activo. Si el valor del token cae significativamente, tu rendimiento real puede ser negativo.

Puedes gestionar tu portafolio de staking con herramientas como Zerion, DeBank o Ledger Live, que permiten monitorear recompensas y rendimiento. Algunas billeteras incluso ofrecen reinversión automática para maximizar el interés compuesto.

Para principiantes, lo mejor es empezar con pequeñas cantidades en monedas como ADA, DOT o ATOM usando billeteras sencillas. A medida que ganes experiencia, puedes diversificar y explorar estrategias más avanzadas como staking líquido o rotación de validadores.

El staking es una puerta de entrada para entender cómo funcionan las redes descentralizadas y cómo recompensan la participación. Es una de las formas más seguras y transparentes de generar ingresos en el ecosistema cripto. Con la estrategia adecuada, puedes construir una fuente de ingresos constante alineada con el crecimiento del Web3.

Cómo Lisa descubrió una mejor alternativa de inversión

Lisa era una madre soltera en sus treinta, equilibrando un trabajo de medio tiempo mientras criaba a sus dos hijos. Siempre tuvo interés en invertir, pero Wall Street le parecía complejo e inaccesible. Una noche, descubrió el concepto de staking mientras navegaba en su teléfono.

Intrigada, comenzó a investigar. Aprendió que el staking le permitía ganar ingresos simplemente manteniendo sus criptomonedas. Comparado con el 0.01% de su cuenta de ahorros, obtener entre 5% y 10% anual le parecía revolucionario.

Decidió empezar con Cardano (ADA). Creó una billetera, transfirió $300 y delegó sus tokens a un pool. Días después, recibió su primera recompensa. Era pequeña, pero real—y suficiente para motivarla.

Con el tiempo, expandió su portafolio a Solana y Polkadot, diversificando y reinvirtiendo sus ganancias. También aprendió sobre riesgos como el slashing y la importancia de elegir validadores confiables.

Eventualmente, Lisa comenzó a enseñar a otros en su comunidad. Organizaba reuniones y ayudaba a personas a entender el staking. Lo que comenzó como curiosidad se convirtió en una fuente constante de ingresos y conocimiento.

Hoy, gana alrededor de $50 al mes con staking—suficiente para cubrir gastos básicos o disfrutar con su familia. Más importante aún, cambió su mentalidad: ahora su dinero trabaja para ella.

Su historia demuestra que cualquiera puede comenzar a construir ingresos pasivos con criptomonedas. Con educación, disciplina y estrategia, el staking puede ser el primer paso hacia la libertad financiera.

Capítulo 3: Yield Farming y Pools de Liquidez: Cómo Generar Altos Rendimientos con DeFi

El yield farming suele describirse como la "cuenta de ahorros de alto rendimiento" del mundo DeFi, pero esa analogía apenas roza la superficie. En realidad, el yield farming es una de las formas más poderosas—y complejas—de generar ingresos pasivos con criptomonedas. Al proporcionar liquidez a exchanges descentralizados (DEX), permites que otros usuarios intercambien activos sin necesidad de una entidad central. A cambio, obtienes una parte de las comisiones de transacción, tokens de incentivo e incluso recompensas adicionales de nuevos protocolos DeFi que buscan atraer usuarios. Este capítulo explica cómo funciona el yield farming, cómo configurarlo y cómo hacerlo de forma segura para maximizar las ganancias sin exponerte a riesgos innecesarios.

En el núcleo del yield farming están los pools de liquidez—contratos inteligentes que contienen dos o más tokens en igual valor (por ejemplo, ETH/USDC o BNB/BUSD). Cuando contribuyes a un pool, te conviertes en proveedor de liquidez (LP). Depositas ambos activos en igual proporción y, a cambio, recibes tokens LP que representan tu participación en el pool. Estos tokens pueden ser utilizados para generar ingresos adicionales en otros protocolos DeFi. Los ingresos provienen principalmente de dos fuentes: (1) comisiones de trading generadas por intercambios dentro del pool (generalmente entre 0.2% y 0.3% por operación), y (2) recompensas adicionales en forma de tokens del protocolo.

Por ejemplo, si depositas $500 en ETH y $500 en USDC en un pool, comienzas a ganar comisiones cada vez que alguien realiza un intercambio. Además, podrías recibir tokens adicionales si el protocolo ofrece incentivos. Este ingreso combinado—comisiones más recompensas—es lo que hace tan atractivo el yield farming.

Sin embargo, el yield farming conlleva riesgos, siendo el más conocido la pérdida impermanente. Esto ocurre cuando el precio de los tokens cambia significativamente después de tu depósito. Si un activo sube mucho y el otro no, el pool se ajusta automáticamente, lo que puede resultar en una menor ganancia comparada con simplemente mantener los activos. Aunque las comisiones pueden compensar esta pérdida, es esencial entender este riesgo antes de participar.

Para reducir este riesgo, muchos inversores utilizan pares de stablecoins (como USDC/DAI), ya que mantienen un valor estable. Otra estrategia es elegir pares que se muevan de forma similar en el mercado.

Las plataformas más populares incluyen Uniswap, PancakeSwap, SushiSwap, Curve, Balancer y QuickSwap. Algunas operan en Ethereum (con tarifas altas), mientras que otras funcionan en redes más económicas como Polygon o Binance Smart Chain. Para principiantes, es recomendable empezar en redes con tarifas bajas y con pequeñas cantidades.

También existen optimizadores como Yearn Finance o Beefy Finance, que automatizan el proceso, reinvierten ganancias y maximizan el rendimiento mediante interés compuesto. Aunque son convenientes, añaden una capa adicional de riesgo por contratos inteligentes.

Un factor clave es calcular el rendimiento real. Un APY alto puede ser engañoso si los tokens pierden valor rápidamente. Siempre es recomendable evaluar las ganancias en términos de stablecoins o dinero fiat.

Además, los tokens LP pueden utilizarse en múltiples plataformas para generar ingresos adicionales, creando estrategias de "rendimiento en capas". Sin embargo, cada capa adicional aumenta el riesgo, por lo que estas estrategias deben aplicarse con experiencia.

Buenas prácticas para farming seguro incluyen comenzar con poco capital, usar plataformas auditadas, entender las reglas del protocolo, monitorear inversiones y diversificar.

La regla de oro es clara: nunca inviertas más de lo que puedes perder. Aunque el yield farming ofrece altos rendimientos, no está libre de riesgos.

En el siguiente capítulo, exploraremos el lending cripto, una estrategia más conservadora para generar ingresos estables con menor volatilidad.

La aventura de Marco en el yield farming

Marco era un ingeniero de software que dejó su trabajo para convertirse en nómada digital. Buscando nuevas formas de generar ingresos, descubrió el yield farming y decidió probar con $1,000.

Comenzó proporcionando liquidez en Uniswap con ETH y USDC. Pronto vio ganancias pequeñas pero constantes. Luego exploró plataformas como PancakeSwap, donde encontró menores tarifas y mayor eficiencia.

Sin embargo, también cometió errores. Invirtió en un proyecto con alto rendimiento que resultó ser un fraude ("rug pull"), perdiendo dinero. Esta experiencia le enseñó la importancia de investigar y evitar promesas irreales.

Con el tiempo, refinó su estrategia, diversificó sus inversiones y utilizó plataformas confiables como Curve y Aave. Aprendió a calcular pérdidas, gestionar tokens LP y automatizar ganancias.

Al final del año, su inversión inicial creció a $4,500, generando alrededor de $300 mensuales. Este ingreso le permitió vivir viajando y cubrir sus gastos básicos.

Hoy, Marco enseña a otros cómo aprovechar DeFi de manera segura. Su historia demuestra que, con disciplina y conocimiento, el yield farming puede convertirse en una herramienta poderosa para alcanzar la libertad financiera.

Capítulo 4: Préstamos de Criptomonedas para Generar Intereses: Rendimientos Más Seguros con Retornos Estables

Mientras que el staking y el yield farming son excelentes formas de generar ingresos en criptomonedas, muchos inversores buscan una opción más conservadora y estable—una con rendimientos predecibles, menor volatilidad y poca necesidad de gestión activa. Aquí es donde entra el préstamo de criptomonedas. Al prestar tus activos—especialmente stablecoins—puedes generar intereses constantes con menor riesgo en comparación con el farming de pares volátiles. El lending cripto combina el principio fundamental de las finanzas tradicionales—ganar intereses sobre el capital—con la descentralización, velocidad y acceso global de la tecnología blockchain.

El lending cripto se basa en préstamos colateralizados. En DeFi, los prestatarios deben sobrecolateralizar sus posiciones, lo que significa que depositan más valor del que piden prestado. Por ejemplo, alguien podría depositar $1,500 en ETH para pedir prestados $1,000 en USDC. Si el precio del ETH cae demasiado, el préstamo se liquida automáticamente para proteger a los prestamistas. Como prestamista, tu función es proporcionar liquidez a estos pools y, a cambio, ganar intereses pagados por los prestatarios. Todo el proceso se gestiona mediante contratos inteligentes sin intermediarios como bancos.

Las plataformas más confiables incluyen Aave, Compound, Venus y Geist, que manejan miles de millones en activos. Estas plataformas permiten prestar desde Ethereum hasta stablecoins como USDC o DAI. Prestar stablecoins es la estrategia preferida para quienes buscan ingresos pasivos con menor riesgo, ya que evita la volatilidad del mercado. Por ejemplo, puedes ganar entre 3% y 8% anual prestando USDC sin preocuparte por caídas de precio.

Para comenzar, necesitas una billetera cripto (como MetaMask o Trust Wallet), fondos para prestar y acceso a una plataforma DeFi. Una vez conectada, depositas tus tokens en un pool y recibes tokens que generan intereses automáticamente. Puedes retirar tus fondos en cualquier momento, salvo en casos extremos de falta de liquidez.

Las tasas de interés dependen de la oferta y la demanda. Si hay alta demanda de préstamos, las tasas suben; si hay exceso de liquidez, bajan. Algunas plataformas también ofrecen recompensas adicionales en tokens, aumentando el rendimiento total.

Aunque el lending es más seguro que otras estrategias DeFi, no está libre de riesgos. El principal es el riesgo del protocolo—errores en contratos inteligentes o hackeos. También existe riesgo de liquidez en momentos extremos del mercado. Por eso, es importante utilizar plataformas auditadas y diversificar entre varias opciones.

Una estrategia avanzada es el "looping", donde depositas, pides prestado y vuelves a depositar para aumentar el rendimiento. Sin embargo, esto incrementa el riesgo de liquidación y no es recomendable para principiantes.

Una estrategia más segura es diversificar préstamos en stablecoins entre varias plataformas confiables y reinvertir los intereses. Esto crea un flujo de ingresos estable incluso en mercados bajistas.

También existen plataformas centralizadas (CeFi) como Nexo o YouHodler, que ofrecen rendimientos atractivos pero mantienen la custodia de tus fondos. Esto implica riesgos adicionales, como se vio con el colapso de plataformas anteriores.

Es fundamental monitorear tu rendimiento utilizando herramientas como dashboards DeFi, que permiten evaluar retornos y ajustar estrategias.

En el siguiente capítulo, exploraremos cómo automatizar estas estrategias para maximizar ingresos con mínimo esfuerzo.

El camino de Emma hacia la estabilidad con el lending cripto

Emma siempre fue una inversora conservadora, enfocada en bonos y ahorros. Pero la inflación la llevó a buscar alternativas. Descubrió el lending cripto como una forma de ganar intereses sin necesidad de trading.

Comenzó con $2,000 en USDC en Aave, generando ingresos automáticamente. Con el tiempo, diversificó en plataformas como Compound y Curve, aumentando sus rendimientos.

Aprendió sobre riesgos, evitó plataformas no confiables y decidió no utilizar estrategias complejas como el looping. Su enfoque se mantuvo en estabilidad y control.

Después de un año, generaba más de $100 mensuales sin trading ni estrés. Compartió su conocimiento con su familia, ayudándolos a mejorar sus finanzas.

Hoy, Emma continúa prestando en múltiples plataformas, priorizando seguridad y consistencia. Para ella, el lending cripto representa estabilidad en un sistema financiero incierto.

Capítulo 5: Automatizando y Componiendo Ingresos Cripto: Herramientas y Estrategias Inteligentes

La verdadera magia de los ingresos pasivos radica en su capacidad de crecer con el tiempo—sin exigir atención constante. En el mundo cripto, este principio se vuelve aún más poderoso gracias a la automatización y el interés compuesto. Aunque el staking, lending o yield farming manuales son efectivos, añadir herramientas automatizadas, agregadores de rendimiento y estrategias de composición puede aumentar drásticamente tus resultados a largo plazo. Este capítulo explora cómo optimizar tus ingresos cripto mediante sistemas automatizados que ahorran tiempo, reducen riesgos y aceleran el crecimiento del capital.

El primer concepto clave es el auto-compounding (interés compuesto automático), que consiste en reinvertir las recompensas en el mismo protocolo para generar interés sobre interés. En lugar de retirar tus ganancias, estas se reinvierten continuamente, lo que permite un crecimiento exponencial. Hacer esto manualmente puede ser ineficiente, especialmente en redes con altas comisiones. Por eso, las herramientas de automatización son fundamentales.

Los agregadores de rendimiento como Yearn Finance, Beefy Finance, Autofarm, Reaper y Harvest han revolucionado este proceso. Estas plataformas identifican las mejores oportunidades, colocan tus fondos en estrategias optimizadas y reinvierten automáticamente las ganancias. Por ejemplo, pueden tomar tus tokens LP, reclamar recompensas, convertirlas en los activos originales y volver a invertirlas varias veces al día, aumentando significativamente el APY.

Otra ventaja clave es la diversificación de estrategias. Puedes distribuir tus fondos en diferentes "vaults" según tu nivel de riesgo: stablecoins para seguridad, pares principales para equilibrio o pools de alto rendimiento para mayor ganancia. Algunos agregadores incluso califican el riesgo según volatilidad, complejidad del contrato y seguridad del protocolo.

La eficiencia de la red también es fundamental. En Ethereum, las comisiones pueden ser altas, lo que reduce ganancias. En cambio, redes como Polygon, Arbitrum, Avalanche o BNB Chain permiten compounding frecuente con bajos costos. Elegir la red correcta puede marcar una gran diferencia en tus resultados.

Más allá de los agregadores, existen herramientas de rebalanceo automático como Balancer, que mantienen proporciones específicas en tu portafolio. Por ejemplo, puedes mantener una proporción 50/50 entre ETH y stablecoins, y el sistema ajusta automáticamente cuando el mercado cambia, asegurando ganancias y estabilidad.

También hay plataformas avanzadas como Gelato Network, Instadapp y DeFi Saver, que permiten automatizar decisiones complejas como mover fondos según el precio o ejecutar acciones basadas en condiciones específicas. Estas herramientas funcionan como un asesor financiero automatizado disponible 24/7.

Además, puedes usar herramientas de seguimiento como Zapper, DeBank, Zerion o APY.Vision para monitorear rendimientos, ajustar estrategias y detectar oportunidades. Revisiones semanales o mensuales ayudan a mantener el sistema optimizado.

Una estrategia efectiva es crear un "portafolio automatizado" combinando:

- 25–50% en vaults auto-compounding
- 25% en lending con stablecoins
- el resto en staking seguro

Este enfoque genera ingresos diversificados, constantes y escalables con mínima intervención.

La seguridad es esencial. Usa billeteras hardware como Ledger o Trezor, limita permisos de contratos y revisa accesos con herramientas como Revoke.cash. La automatización amplifica tanto ganancias como riesgos, por lo que debes mantener control sobre tu sistema.

La clave final es la simplicidad. Muchos inversores fallan por sobrecomplicar sus estrategias. Los más exitosos crean sistemas consistentes, automatizan inteligentemente y se mantienen informados sin obsesionarse. La automatización te devuelve tiempo—y ese es uno de los activos más valiosos.

En el siguiente capítulo, exploraremos cómo combinar múltiples fuentes de ingresos para construir un sistema completo de ingresos pasivos en cripto.

Jason construye una máquina cripto que funciona sola

Jason era un gerente de operaciones apasionado por la automatización. Cuando descubrió las criptomonedas, vio la oportunidad de crear un sistema que generara ingresos sin intervención constante.

Comenzó con Beefy Finance, invirtiendo en un vault de stablecoins que reinvertía automáticamente sus ganancias. Luego diversificó en Yearn Finance y otras plataformas, creando un sistema que optimizaba rendimientos constantemente.

Utilizó herramientas como Zapper y DeBank para monitorear su portafolio y creó reglas para ajustar inversiones según el rendimiento. También implementó estrategias de rebalanceo con Balancer y automatizaciones avanzadas con Gelato.

Para seguridad, utilizó billeteras hardware y controló permisos cuidadosamente. Su enfoque se centró en consistencia, no en perseguir altos rendimientos riesgosos.

Con el tiempo, logró un rendimiento promedio del 18% anual con mínima intervención. Su sistema generaba ingresos mientras él se enfocaba en su vida personal.

Hoy, Jason solo revisa su sistema una vez por semana. Ha creado una verdadera máquina de ingresos pasivos que le permite disfrutar de su tiempo mientras su dinero trabaja por él.

Capítulo 6: Construyendo un Portafolio Diversificado de Ingresos Cripto: Equilibrio, Seguridad y Escala

Una vez que has explorado el staking, el lending y el yield farming por separado, el siguiente paso lógico es construir un portafolio diversificado de ingresos pasivos—un sistema estructurado que combina todas estas estrategias en equilibrio. La diversificación es un principio fundamental en la inversión tradicional, y es aún más importante en el mundo volátil de las criptomonedas. Al distribuir tus fondos entre diferentes fuentes de ingresos, activos, redes y niveles de riesgo, reduces tu exposición a cualquier punto único de fallo y creas un flujo de ingresos más estable y escalable.

El primer principio es la diversificación por tipo de activo. No todas las criptomonedas son iguales. Algunas son volátiles (como ETH o AVAX), otras son stablecoins (como USDC o DAI), y otras son tokens de gobernanza o staking. Un portafolio inteligente puede asignar entre 40% y 50% a stablecoins para obtener rendimiento predecible, entre 25% y 35% a criptomonedas principales como ETH o BTC para crecimiento a largo plazo, y el resto a activos más riesgosos pero con mayor rendimiento como tokens de LP o DeFi.

El siguiente nivel es la diversificación por estrategia. Parte del capital debe ir a staking para crecimiento estable y de bajo mantenimiento. Otra parte a lending con stablecoins para ingresos constantes. Y una porción a yield farming para mayores rendimientos.

También es importante la diversificación por plataforma. No pongas todos tus fondos en un solo protocolo. Divide entre Aave, Compound, Uniswap, Curve o Lido. Esto reduce el riesgo de fallos o hackeos en una sola plataforma.

La diversificación temporal también es clave. Algunos ingresos llegan diariamente, otros semanalmente o mensualmente. Diseñar un sistema con flujos escalonados permite reinversión constante y mejor gestión del capital.

El enfoque Core-Satellite es muy efectivo:

- 70–80% en estrategias seguras (core)
- 20–30% en estrategias de alto rendimiento (satélite)

También debes diversificar entre blockchains como Ethereum, Polygon, Arbitrum o BNB Chain para reducir riesgos de red y acceder a más oportunidades.

Herramientas como DeBank, Zapper o Zerion ayudan a monitorear todo el portafolio en un solo lugar. Revisar mensualmente permite ajustar y optimizar.

Finalmente, debes definir tu objetivo de ingresos. Por ejemplo, generar $200 al mes puede requerir un capital de aproximadamente $24,000 con un rendimiento del 10% anual.

La diversificación no solo protege tu capital—también estabiliza tus ingresos y permite escalar de forma sostenible.

En el siguiente capítulo, exploraremos cómo proteger y asegurar tus ingresos cripto frente a riesgos, hacks y volatilidad.

Historia: El Portafolio Equilibrado de Nina

Nina era una consultora de marketing que buscaba estabilidad financiera tras años de incertidumbre laboral. Su objetivo era generar ingresos pasivos constantes con criptomonedas.

Con $20,000, dividió su portafolio en tres partes: lending, staking y yield farming.

Asignó 40% a stablecoins en Aave y Compound, 30% a staking en Ethereum, Cardano y Avalanche, y 30% a yield farming en Curve y Beefy Finance.

Cada estrategia tenía un propósito: estabilidad, crecimiento y mayor rendimiento.

Con el tiempo, su sistema comenzó a generar más de $350 mensuales en ingresos pasivos.

Lo más importante es que su portafolio resistía diferentes condiciones del mercado, dándole tranquilidad y control financiero.

Nina no dependía de una sola fuente de ingresos—había construido un sistema equilibrado, automatizado y escalable.

Capítulo 7: Gestionando el Riesgo y Protegiendo tus Ingresos Cripto

Generar ingresos pasivos con criptomonedas ofrece un enorme potencial—pero también conlleva riesgos únicos. A diferencia de las finanzas tradicionales, donde existen regulaciones y seguros, las finanzas descentralizadas (DeFi) operan en un entorno nuevo y en constante evolución. Hackeos, caídas de tokens y fallos en contratos inteligentes pueden eliminar meses o incluso años de ganancias en cuestión de minutos. Por eso, gestionar el riesgo es tan importante como encontrar oportunidades de alto rendimiento.

El primer riesgo clave es el riesgo de contratos inteligentes. Los protocolos DeFi funcionan con código, y si ese código tiene fallos, puede ser explotado. Para reducir este riesgo, utiliza solo plataformas auditadas, con código abierto y con historial comprobado. Evita proyectos nuevos con rendimientos llamativos pero sin credibilidad.

Otro riesgo importante es la pérdida impermanente, especialmente en pools de liquidez. Ocurre cuando el valor de los activos cambia significativamente. Para reducir este riesgo, usa pares de stablecoins o activos que se muevan de forma similar.

Evitar protocolos no auditados le salvó de pérdidas cuando uno fue hackeado. Desde entonces, solo usa plataformas confiables.

Aprendió sobre pérdida impermanente tras una mala experiencia y ajustó su estrategia hacia pares más seguros.

Utiliza herramientas como Revoke.cash para eliminar permisos innecesarios y mantiene un control riguroso de seguridad.

También contrató seguros DeFi y creó planes de respaldo para proteger a su familia.

Hoy, su sistema es seguro, estable y en crecimiento. Su enfoque no es perseguir ganancias rápidas, sino proteger y escalar de forma sostenible.

Su filosofía es clara: construir despacio, ganar de forma constante y protegerlo todo.

Capítulo 8: Seguimiento, Reinversión y Escalamiento de tus Ingresos Cripto

Los ingresos pasivos no se tratan solo de ganar dinero—se trata de medir, optimizar y reinvertir para escalar. A medida que tus flujos de ingresos cripto crecen, también lo hace la complejidad de gestionarlos. Puedes tener fondos distribuidos en múltiples billeteras, redes, plataformas y activos. Sin un sistema de seguimiento adecuado, es difícil saber qué está funcionando, dónde están los riesgos y cómo reinvertir estratégicamente para crecer más rápido.

El primer paso es utilizar herramientas de seguimiento centralizadas como Zapper, DeBank, Zerion o Rotki. Estas plataformas te permiten ver todos tus activos, posiciones de farming, staking y lending en un solo lugar, con estimaciones de rendimiento y valor total.

Luego, organiza tus ingresos en un sistema estructurado. Puedes usar una hoja de cálculo o Notion para registrar:

- Tipo de activo
- Estrategia utilizada
- Plataforma
- Red
- Capital inicial
- Valor actual

- Rendimiento mensual
- APY
- Nivel de riesgo

Actualizar este sistema regularmente te permite identificar qué estrategias son más eficientes y cuáles deben ajustarse.

La reinversión es clave para escalar. En lugar de retirar ganancias, puedes reinvertirlas en estrategias de alto rendimiento para aprovechar el interés compuesto. Esto permite que tus ingresos crezcan de forma exponencial.

También puedes dividir tus ingresos en "buckets":
- Composición (reinvierte ganancias)
- Seguridad (guardar en stablecoins)
- Crecimiento (nuevas oportunidades)
- Gastos (uso personal)

La diversificación en la reinversión también es importante. Puedes mover ganancias de staking hacia lending o convertir recompensas en otros activos para fortalecer tu portafolio.

A medida que operas en múltiples redes como Ethereum, Polygon o Arbitrum, debes gestionar comisiones y transferencias entre cadenas utilizando puentes.

Para optimizar, puedes crear rutinas mensuales como:
- Reclamar recompensas

- Reinvertir
- Ajustar posiciones
- Salir de estrategias de bajo rendimiento
- Mover ganancias a almacenamiento seguro

Es fundamental calcular el rendimiento real después de costos como comisiones, slippage y tarifas de plataforma.

Para escalar, establece objetivos mensuales de crecimiento (por ejemplo, aumentar ingresos un 5–10% mensual).

También debes planificar cómo retirar y usar tus ganancias mediante exchanges o conversiones a fiat.

El seguimiento y la reinversión convierten los ingresos pasivos en un sistema escalable y sostenible.

Historia: Olivia optimiza y escala sus ingresos

Olivia era una creadora de contenido que ya generaba ingresos cripto, pero sin estructura. Decidió organizar su portafolio usando herramientas como Zapper y DeBank.

Creó un sistema de seguimiento detallado y eliminó estrategias ineficientes, reinvirtiendo en opciones más rentables.

Implementó un sistema mensual de reinversión dividido en tres partes: reinvertir, asegurar y explorar nuevas oportunidades.

Con el tiempo, automatizó su proceso, estableció límites de riesgo y optimizó sus decisiones.

Se fijó un objetivo de $1,000 mensuales y lo alcanzó mediante disciplina, seguimiento y reinversión constante.

Su éxito no vino de la especulación, sino de construir un sistema eficiente y sostenible.

Capítulo 9: El Futuro de los Ingresos Pasivos en Cripto: Tendencias, Tecnología y Oportunidades por Delante

El panorama de los ingresos cripto está evolucionando rápidamente. Lo que comenzó con staking y lending simples se ha transformado en un ecosistema dinámico impulsado por la innovación en DeFi, la tokenización de activos del mundo real, los derivados de staking líquido y la automatización impulsada por inteligencia artificial. Entender el futuro de los ingresos pasivos no se trata solo de mantenerse al día, sino de adelantarse, prepararse para los cambios y posicionarse estratégicamente antes que la mayoría.

Uno de los cambios más importantes es el auge de los derivados de staking líquido (LSDs). Plataformas como Lido y Rocket Pool permiten hacer staking de activos como ETH y recibir tokens líquidos (como stETH) que pueden utilizarse en otros protocolos DeFi. Esto permite generar múltiples capas de rendimiento al mismo tiempo.

Otra tendencia clave es la tokenización de activos del mundo real (RWAs). Plataformas como Ondo Finance y Maple Finance permiten invertir en activos como bonos del tesoro, bienes raíces o préstamos, pero dentro del ecosistema DeFi.

Esto abre oportunidades de ingresos más estables y menos volátiles.

También está emergiendo la automatización impulsada por inteligencia artificial. Estas herramientas pueden optimizar estrategias en tiempo real, mover capital automáticamente y ajustar posiciones según condiciones del mercado.

El crecimiento del DeFi multichain es otra tendencia importante. Ahora puedes generar ingresos en múltiples redes como Ethereum, Arbitrum, Avalanche o Cosmos al mismo tiempo, optimizando rendimiento y costos.

Además, los ingresos pasivos se están integrando directamente en wallets y plataformas, permitiendo generar rendimiento con un solo clic. Esto hará que DeFi sea mucho más accesible para nuevos usuarios.

La regulación también jugará un papel importante, creando nuevas oportunidades más seguras pero también eliminando proyectos de alto riesgo.

En el futuro, veremos ingresos generados por NFTs, IA autónoma y nuevas formas de participación en economías digitales.

Para prepararte, debes construir estrategias que sean:

- Flexibles

- Diversificadas
- Resistentes
- Escalables

El futuro no será para quienes persiguen tendencias, sino para quienes construyen sistemas eficientes y sostenibles.

En el siguiente capítulo, integraremos todo en un plan completo de ingresos cripto.

Historia: Xavier y el futuro del ingreso cripto

Xavier era un analista fintech enfocado en el futuro. Comenzó utilizando staking líquido, generando múltiples fuentes de ingresos con un solo activo.

Luego exploró activos tokenizados del mundo real, generando ingresos estables dentro del ecosistema cripto.

También adoptó herramientas de IA para automatizar decisiones y optimizar su portafolio.

Expandió su estrategia a múltiples redes, creando un sistema global de ingresos descentralizados.

Hoy, genera ingresos pasivos superiores a su salario anterior y enseña a otros a construir sistemas sostenibles.

Su enfoque es claro: construir sistemas inteligentes,

automatizados y preparados para el futuro.

Capítulo 10: Integrándolo Todo: Tu Plan Maestro de Ingresos Cripto

Ahora has explorado el staking, el yield farming, el lending, la automatización con vaults, la gestión de riesgos y el futuro de los ingresos cripto. El siguiente paso es la integración—unir todo en un sistema completo, sostenible y escalable de ingresos pasivos. Este capítulo final es tu plano maestro: un sistema paso a paso para generar flujo de efectivo consistente, diversificado y adaptable a tus objetivos financieros.

Comienza definiendo tu objetivo de ingresos. Sé específico. ¿Cuánto deseas generar al mes y en cuánto tiempo? Por ejemplo, para generar $1,000 mensuales con un rendimiento promedio del 15%, necesitarías aproximadamente $80,000 invertidos. Si empiezas con menos capital, el interés compuesto te permitirá cerrar esa brecha con el tiempo.

Luego divide tu capital en categorías estratégicas:

- 40–50% en lending con stablecoins (USDC, DAI) para ingresos estables
- 25–35% en staking (ETH, ADA, DOT) para crecimiento a largo plazo
- 15–25% en yield farming para mayores retornos
- 5–10% en estrategias experimentales

Aplica un enfoque basado en riesgo. Evalúa cada estrategia según volatilidad, seguridad y liquidez. Ajusta la asignación según tu tolerancia al riesgo.

Crea un sistema de seguimiento:
- Usa herramientas como Zapper o DeBank
- Realiza revisiones mensuales
- Lleva un registro detallado de ingresos y costos

Automatiza donde sea posible:
- Usa agregadores como Beefy o Yearn
- Configura reglas con herramientas DeFi
- Mantén seguridad con hardware wallets

Diseña una estrategia de retiro:
- Convierte ganancias a stablecoins o fiat
- Define porcentajes de retiro periódicos
- Mantén reservas para emergencias

Protege tu sistema:
- Usa seguros DeFi
- Diversifica entre plataformas
- Guarda claves de forma segura

Mantente informado, pero evita la sobrecarga. Enfócate en estrategias probadas y prueba nuevas oportunidades con pequeñas cantidades.

Revisa tu sistema cada trimestre:

- Ajusta según rendimiento
- Rebalancea
- Identifica nuevas oportunidades

Los ingresos cripto no son estáticos—evolucionan contigo y con el mercado. Con disciplina, puedes construir un sistema sólido y duradero.

La revolución del ingreso pasivo ya está aquí—y ahora tienes el conocimiento para aprovecharla.

Historia: El sistema completo de Priya

Priya era una maestra que buscaba ingresos adicionales. Comenzó con un objetivo claro: $200 mensuales en un año.

Con $10,000, dividió su portafolio en lending, staking y farming.

Creó un sistema de seguimiento, automatizó procesos y mantuvo disciplina en sus decisiones.

A los seis meses generaba $90 mensuales. Al final del año, alcanzó su meta de $212 al mes.

Más importante que el dinero, ganó confianza y control financiero.

Ahora apunta a $500 y luego $1,000 mensuales, construyendo su libertad financiera paso a paso.

Bienvenido al futuro de la riqueza

A medida que cerramos este libro, queda claro que estamos viviendo una revolución financiera. La capacidad de generar ingresos pasivos con criptomonedas era impensable hace una década—pero hoy no solo es posible, sino también práctica, escalable y accesible para cualquier persona con una billetera y un plan. Ya seas un principiante completo o un inversor experimentado, la economía cripto está ofreciendo un nuevo tipo de libertad—una que no depende de bancos, fronteras ni jefes.

A lo largo de este recorrido, hemos explorado el staking, el yield farming, el lending y la automatización. Hemos visto cómo diversificar, proteger, reinvertir y adaptar tu estrategia de ingresos. Has aprendido que los ingresos en cripto no se basan en la suerte ni en el hype—se basan en sistemas, consistencia y visión a largo plazo. Recompensan a quienes actúan con intención, curiosidad y cautela.

Hemos conocido a personas como Lisa, Malik, Olivia y Priya—individuos comunes que tomaron el control de su destino financiero utilizando herramientas DeFi. No necesitaban una gran fortuna, títulos técnicos ni acceso privilegiado. Solo necesitaban un punto de partida, un plan estructurado y el valor de dar el primer paso. Sus historias son reales—y también lo son los ingresos que ahora reciben cada semana, cada mes, de forma automática.

Ahora tienes el marco completo. Has visto cómo dividir tus objetivos de ingresos en cifras realistas, cómo elegir plataformas con confianza y cómo construir un portafolio gestionado por riesgo. Más importante aún, has aprendido a proteger tus ganancias, automatizar tu sistema y escalar tus resultados—para que cada dólar que ganes hoy se multiplique mañana.

El mundo está cambiando rápidamente. La inteligencia artificial se está integrando con DeFi. Los activos del mundo real están llegando a la blockchain. La regulación se está aclarando. Las billeteras son cada vez más inteligentes. Si continúas aprendiendo, probando y construyendo tu sistema con intención—no solo te mantendrás al día. Prosperarás.

Empieza pequeño si es necesario. Prueba. Haz seguimiento. Ajusta. Luego crece. Este es tu momento para construir libertad—no trabajando más horas, sino utilizando herramientas más inteligentes. La economía cripto funciona 24/7. Tus ingresos también pueden hacerlo.

Y recuerda siempre: no necesitas hacer trading para ganar dinero. Solo necesitas un sistema bien diseñado que funcione mientras duermes.

Bienvenido al futuro de la riqueza. Ya formas parte de él.

www.ingramcontent.com/pod-product-compliance
Lightning Source LLC
LaVergne TN
LVHW040522210926
848480LV00007BA/1556

* 9 7 9 8 2 9 5 8 8 4 9 8 6 *